"最顶用百句手册"系列

精选最顶用100句口语！

西班牙语最顶用百句手册

MP3
配备高品质
MP3录音光盘

丛书主编　宋健榕

本系列讲求"效率第一，事半功倍"，编者精心挑选的句子均为适应性、可扩展性强的句子，非常适合初学者现学现用。

哈尔滨工业大学出版社

图书在版编目(CIP)数据

西班牙语最顶用百句手册/宋健榕主编. —哈尔滨:哈尔滨工业大学出版社,2013.11
ISBN 978-7-5603-4085-2

Ⅰ.①西… Ⅱ.①宋… Ⅲ.①西班牙语-高等学校-教材 Ⅳ.①H34

中国版本图书馆 CIP 数据核字(2013)第 104370 号

策　　划	为才策划工作室
责任编辑	陈洁
封面设计	李康道
出版发行	哈尔滨工业大学出版社
社　　址	哈尔滨市南岗区复华四道街 10 号　邮编 150006
电　　话	0451-86416203
传　　真	0451-86414749
网　　址	http://hitpress.hit.edu.cn
印　　刷	哈尔滨市工大节能印刷厂
开　　本	880mm×1230mm　1/32　印张 3.875　字数 119 千字
版　　次	2013 年 11 月第 1 版　2013 年 11 月第 1 次印刷
书　　号	ISBN 978-7-5603-4085-2
定　　价	19.80 元

(如因印装质量问题影响阅读,我社负责调换)

外国客人到访，想热情招待以尽地主之谊，却连客人亲切的问候也不懂得怎么回答；有机会外出游历世界，感受缤纷异国风情，却发现自己突然变成了"聋子""哑巴"。纵有优秀的翻译人才能帮你将语言转换，始终是多了一个环节：信息可能遗漏了，语气可能改变了，更重要的，这不是最直接的交流和沟通——你未能真正地理解和感受原话者的情感和意图。更何况，或阅读，或外出，或应答，翻译总是跟在身旁，不方便也不现实。所以，能听能说日常外语，掌握普通用法，生活工作就方便多了；而且，这将是你真正掌握一门外语，熟练操控一门外语，深入了解一门外语的起航点。一位旅中日本作家曾说过，学习外语，其实就是打开心扉，感受世界。希望《百句手册》系列能帮你达成心愿。

本书是本系列的其中一本——《西班牙语最顶用百句手册》。

西班牙语是西班牙的官方语言，也是拉丁美洲大多数国家的官方语言，及联合国的工作语言之一。西班牙语是世界第三大语言，在七大洲中，约有五亿人使用。

市面上教授西班牙语的书本种类繁杂，但真正能帮助读者学好西班牙语的却不多。有鉴于此，本书构思独到，结构安排上另辟蹊径，内容方面精挑细选，力求为有志学好西班牙语的读者提供简便有效的学习素材。本书分为三大部分。第一部分不是常见的西班牙语字母与语音学习，而是会话篇——包含20个日常生活工作中的高频话题，如打招呼、问路、购物、奥运会等。本部分就是仿照小孩子学习语言的自然过程，提供看、听、说的模拟环境，让读者在学习系统语音及语法前，借助高质量配套音频，就进行大量的西班牙语听说练习和单词学习，熟悉西班牙语，做好"量"的准备。第二部分为语音篇，详细而全面地介绍了西班牙语的语音、分音节及句调等内容，为读者搭建西班牙语语音结构体系。通过本部分的学习，并结合第一部分的准备，读者将会有一个质的飞跃和突破，轻松掌握日常西班牙语。第三部分为附录部分，列出了数字、时间、颜色、货币、交通标志等西班牙语表达，图文并茂，方便读者学习和查阅。

由于时间仓促，加上编者水平有限，书中不足之处在所难免，望广大读者批评指正。

第一部分　会话篇

| 01 | **Saludos** 2
打招呼

| 02 | **Presentación** 5
介绍

| 03 | **Información personal** 8
个人信息

| 04 | **La Despedida** 11
告别

| 05 | **Horas y Horarios** 14
时间

| 06 | **Tiempo** 17
天气

| 07 | **Direcciones** 20
问路

| 08 | **¡Taxi!** 23
出租车

| 09 | **Metro y Autobús** 26
公交车和地铁

I

| 10 | ¡Viajeros al tren! 29
乘火车

| 11 | En el aeropuerto 32
乘飞机

| 12 | En el restaurante 35
在餐厅

| 13 | Alojamiento en el hotel 38
住宿，在宾馆

| 14 | Llamadas telefónicas 41
打电话

| 15 | En el banco 44
在银行

| 16 | En la oficina de correos 47
在邮局

| 17 | De compras 50
购物

| 18 | De visita turística 54
观光

| 19 | Dar y Pedir ayuda 57
帮助和求助

| 20 | En el hospital 60
在医院

第二部分　语音篇

- **01**　西语语音介绍 64
- **02**　西语语音学习 65
- **03**　分音节规则 97
- **04**　重音规则 98
- **05**　简单陈述句和疑问句的语调 99

第三部分　附录

- **01**　**Números** 102
  数字
- **02**　**Tiempo** 104
  时间
- **03**　**Colores** 106
  颜色
- **04**　**Monedas** 107
  货币
- **05**　**Deportes** 108
  运动

- **06** Profesiones 110
  职业
- **07** Comida y bebida 111
  食品饮料
- **08** Gastronomía china 112
  中国菜谱
- **09** Lugares turísticos 114
  旅游观光地

Saludos
打招呼

句型 Oraciones

1 ¡Hola!
您好!

2 ¡Buenos días!
早上好!

3 ¡Buenas noches!
晚上好!

4 ¿Cómo estás?
你好吗?

5 Muy bien, gracias.
很好,谢谢!

对话 Diálogos

01

A: Hola, Miguel.
你好，米盖儿。

B: Hola, Ana.
你好，安娜。

A: ¿Cómo estás?
你过得怎么样？

B: Muy bien. gracias.
很好，谢谢。

02

A: Hola, Ana.
你好，安娜。

B: Hola, Pedro. ¿Qué tal?
你好，佩德罗。你过得怎么样？

A: Muy bien, gracias. ¿Y tú?
很好，谢谢。你呢？

B: Bien, gracias. ¿Cómo está tu familia?
不错，谢谢。你的家人好吗？

A: Muy bien.
很好。

03

A: ¡Buenas noches, señor Fernández!
晚上好，菲尔南德斯先生。

B: ¡Buenas noches, señora Pérez! ¿Cómo está?
晚上好，佩雷斯夫人。您好吗？

A: Bien, gracias. ¿Y usted?
不错，谢谢。您呢？

B: Bien.
还可以。

重点词汇

1. día / 白天
2. tarde / 午后，下午
3. noche / 晚上
4. gracias / 谢谢
5. muy / 很，非常
6. bien / 好
7. familia / 家人
8. señor / 先生
9. señora / 夫人

第一部分　语音篇

Presentación
介绍

○ 句型 Oraciones

- ① Permítame que me presente.
  请允许我自我介绍一下。
- ② Me llamo Tomás.
  我叫托马斯。
- ③ Encantado de conocerle.
  很高兴认识您。
- ④ Mucho gusto. Soy Julio.
  很高兴认识您，我叫胡里奥。
- ⑤ ¿Cómo te llamas?
  请问你叫什么？

对话 Diálogos

01

A: Hola, soy Martín.
你好，我是马丁。

B: ¿Martín? Me llamo Roberto. Encantado de conocerte.
马丁？我的名字是罗伯特。很高兴认识你。

A: Mucho gusto.
很高兴认识你。

02

A: Hola, soy Mario. ¿Cómo te llamas?
你好，我是马里奥。请问你叫什么？

B: Me llamo María. Mucho gusto.
我的名字是玛利亚，很高兴认识你。

A: Mucho gusto.
很高兴认识你。

03

A: Permítame que me presente. Me llamo Tomás. ¿Y usted?
请允许我自我介绍一下。我叫托马斯，您呢？

B: Encantado. Soy Pedro Fuentes.
很高兴认识您，我是佩德罗·弗恩特斯。

A: Mucho gusto.
很高兴见到你。

重点词汇

1. presentar(se) 介绍
2. nombre / 名字
3. yo / 我
4. mi / 我的
5. encantado, a / 高兴的
6. usted / 您
7. tú / 你
8. él / 他
9. ella / 她

Información personal
个人信息

句型 Oraciones

1 ¿De dónde eres?
你是哪里的人?

2 ¿En qué trabaja?
您做什么工作?

3 Soy periodista.
我是记者。

4 Estoy en Pekín de vacaciones.
我来北京旅游。

5 ¿Cuántos años tienes?
你多大了?

对话 Diálogos

01

A: Hola, soy Xiao Li, ¿cómo te llamas?
你好，我是小李，你叫什么？

B: Me llamo Ana, soy de España. ¿De dónde eres?
我叫安娜，西班牙人，你是哪人？

A: Soy de China.
我是中国人。

B: Encantada.
幸会。

02

A: ¿En qué trabaja?
您做什么工作？

B: Soy médico. ¿Y usted?
我是医生，您呢？

A: Soy estudiante de chino.
我是中文学生。

B: ¿Vive en Pekín?
您住在北京？

A: No, estoy en Pekín de vacaciones.
不，我在北京度假。

03

A: Hola, ¿eres estudiante aquí?
你好，你是这里的学生吗？

B: Soy periodista.
我是记者。

A: ¿Periodista? Pareces muy joven, ¿cuántos años tienes?
记者？你看着挺年轻，你多大了？

B: Tengo 27 años. ¿Y usted?
我27岁，你呢？

A: Tengo 32 años.
我32岁。

重点词汇

1. periodista / 记者
2. dónde / 哪里
3. trabajar / 工作
4. vivir / 居住
5. vacaciones / 假期
6. edad / 年龄
7. años / 岁数
8. joven / 年轻的
9. viejo / 老的

La Despedida
告别

句型 Oraciones

1. ¡Adiós!
   再见!

2. ¡Hasta luego!
   一会儿见!

3. ¡Buen viaje!
   旅途愉快!

4. ¡Que todo te vaya bien!
   祝一切都好!

5. ¡Que se divierta!
   祝您愉快!

对话 Diálogos

01

A: ¡Adiós, Pedro!
再见，佩德罗！

B: ¡Hasta mañana!
明天见！

A: ¡Hasta mañana!
明天见！

02

A: ¡Hasta luego!
再见！

B: ¡Hasta luego! ¡Que tengas un buen fin de semana!
再见！周末愉快！

A: Tú también.
周末愉快！

03

A: ¡Adiós!
再见！

B: ¡Adiós, buen viaje! ¡Que se divierta!
再见！旅途愉快！

A: Gracias, igualmente.
谢谢！也祝你开心！

重点词汇

1. luego / 一会儿
2. mañana / 明天
3. pasado mañana 后天
4. pasárselo bien 愉快
5. divertirse / 开心
6. fin de semana 周末
7. viaje / 旅行
8. buen / 好的

Horas y Horarios
时间

句型 Oraciones

1 ¿Qué hora es?
几点了？

2 ¡Qué tarde es!
真晚！

3 Son las tres en punto.
整3点。

4 Disculpe, no llevo reloj.
抱歉，我没带表。

5 Es todavía temprano.
还早呢。

对话　Diálogos

01

A: Perdón, ¿qué hora es?
　　劳驾，几点了?
B: Son las tres en punto.
　　现在整3点。
A: ¡Qué tarde es!
　　太晚了!

02

A: Perdone, ¿qué hora es?
　　劳驾，几点了?
B: Disculpe, no llevo reloj.
　　抱歉，我没带表。

03

A: ¿Qué hora es, Pedro?
　　几点了，佩德罗?
B: Son las nueve.
　　9点了。
A: Es todavía temprano. Pero ya tengo mucha hambre.
　　还早呢。但是我已经非常饿了。

1. tiempo / 时间
2. reloj / 表
3. ahora / 现在
4. temprano / 早的
5. tarde / 晚的
6. todavía / 还
7. ya / 已经
8. hora / 小时
9. minuto / 分钟

06 Tiempo
天气

句型 Oraciones

1 ¿Qué tiempo hace?
天气怎样？

2 Parece que va a llover.
好像要下雨。

3 Está nevando.
下雪了。

4 Hace mucho calor.
天气真热。

5 ¡Qué tormenta tan fuerte!
好大的暴风雨！

对话 Diálogos

01

A: Buenos días, Mónica. ¿Qué tiempo hace?
早上好,莫妮卡。天气怎么样?

B: No estoy segura. Parece que va a llover.
我不肯定。好像要下雨。

A: ¿Que va a llover? Pero sí hace sol.
下雨?但是阳光很好啊。

02

A: Hace mucho calor.
太热了。

B: Sí. Es insoportable.
是啊!我要受不了了。

A: Vamos a tomar algo. ¿Qué te parece?
我们去喝点东西吧?你觉得怎么样啊?

B: Buena idea.
好主意。

03

A: Está nevando.
下雪了。

B: Sí, hace mucho frío.
嗯,好冷啊!

A: Espero que mañana pare.
我希望明天能停。

重点词汇

1. tiempo / 天气
2. pronóstico del tiempo / 天气预报
3. frío / 冷
4. calor / 热
5. humedad / 潮湿
6. llover / 下雨
7. viento / 风
8. nevar / 下雪
9. hace sol / 天晴

07 Direcciones
问路

句型 Oraciones

1 Perdón, ¿dónde está el Templo del Lama?
劳驾,雍和宫在哪里?

2 ¿Dónde me tengo que bajar?
我该在哪儿下车?

3 ¿Podría ayudarme? Creo que estoy perdido.
您能帮我吗?我想我迷路了。

4 Siga todo recto y gire en la segunda calle a la derecha.
一直走,第二个路口向右转。

5 ¿Podría señalarme en el mapa dónde estoy ahora?
请在地图上指给我看,我现在在什么地方?

对话 Diálogos

01

A: Perdón, ¿dónde está el Templo del Lama?
劳驾,雍和宫在哪里?

B: Siga recto y gire en el segundo semáforo a la izquierda.
一直走,第二个红绿灯向左转。

A: Gracias.
谢谢。

B: De nada.
不客气。

02

A: Por favor, ¿para ir a la Ciudad Prohibida?
请问,我怎么去故宫博物院啊?

B: Puedes tomar un taxi o el metro. Está muy cerca.
你可以乘出租车或地铁。它就在附近。

A: ¿Cuál es la parada de metro?
地铁哪站下?

B: Tian'anmen.
天安门。

03

A: Creo que estoy perdido. ¿Puede indicarme en el mapa dónde estoy ahora?
我好像迷路了！请在地图上指给我看，我现在在什么地方？

B: Estás aquí. La Plaza de Tian'anmen está muy cerca.
你在这儿，离天安门广场很近。

A: Ah, gracias.
啊，谢谢。

重点词汇

1. recto / 一直
2. por favor / 劳驾
3. cerca / 在附近
4. estar perdido / 迷路
5. izquierda / 左
6. derecha / 右
7. caminar / 步行
8. mapa / 地图
9. girar / 拐弯
10. semáforo / 交通灯

08 ¡Taxi!
出租车

句型 Oraciones

1. ¿Está muy lejos?
   远吗？
2. Quiero ir al Hotel Gran Muralla.
   我想去长城大酒店。
3. ¿Cuánto tiempo se tarda?
   路途要多长时间？
4. ¿Cuánto cuesta?
   多少钱？
5. El recibo, por favor.
   请给张发票。

对话 Diálogos

01

A: ¡Taxi!
出租车！

B: ¿Dónde quieren ir?
您们要去哪里？

A: Queremos ir al Mercado de la Seda.
我们想去秀水街。

B: De acuerdo.
好的。

02

A: Quiero ir al Hotel Gran Muralla. ¿Cuánto tiempo se tarda?
我想去长城宾馆。需要多久？

B: Más o menos 20 minutos.
大概20分钟。

A: De acuerdo, vamos.
谢谢。

03

A: ¿Cuánto es?
多少钱？

B: 20 yuanes.
20元。

A: Vale. El recibo, por favor.
好的，请给张发票。

B: Aquí tiene.
给您。

重点词汇

1. taxi / 出租车
2. dónde / 哪里
3. querer / 想
4. ir / 去
5. cuánto tiempo / 多久
6. recibo / 发票
7. rápido / 快
8. pagar / 付钱
9. volver a casa / 回家
10. subir / 上车

Metro y Autobús
地铁和公车

句型 Oraciones

1 Perdón, ¿qué línea de metro va al Templo del Cielo?
劳驾,几号线地铁去天坛?

2 Disculpe, ¿dónde está la parada del autobús más cercana?
劳驾,附近的公交车站在哪儿?

3 ¿Adónde va este autobús?
这个车是开往哪儿的?

4 ¿Dónde tengo que cambiar de autobús?
我该在哪儿倒车?

5 ¿En qué parada me bajo?
我在哪站下?

对话 Diálogos

01

A: Perdón, ¿qué línea de metro va al Templo del Cielo?
劳驾，几号线地铁去天坛？

B: La línea 5. La parada es Tiantan Dongmen.
5号线去天坛东门。

A: Gracias.
谢谢。

B: De nada.
不客气。

02

A: Por favor, ¿qué autobús va a la Plaza de Tian'anmen?
您能告诉我，哪路公共汽车去天安门广场吗？

B: Puede tomar el autobús 118.
您可以乘118路公共车。

A: ¿Tengo que cambiar de autobús?
我需要转车吗？

B: No, no hace falta.
不，不需要。

03

A: Quiero ir a Wangfujing. ¿Puedo ir en autobús?
我想去王府井。能坐公交车去吗?

B: Sí. Toma el número 234, bájate en la tercera parada y cambia al 192.
对，坐234路车，在第三站下车，换乘192路。

A: Gracias.
谢谢。

B: De nada.
不客气。

重点词汇

1. metro / 地铁
2. estación de metro
   地铁车站
3. autobús / 公交车
4. parada de autobús
   公交车站
5. cambiar de autobús
   倒车
6. bajarse / 下车
7. billete / 票
8. taquilla / 售票处

10 ¡Viajeros al tren!
乘火车

🔵 句型 Oraciones

1 ¿Cuándo sale el próximo tren para Shanghai?
到上海的下一班火车什么时候开?

2 ¿De dónde sale el tren?
火车从什么地方开出?

3 Quiero reservar un billete.
我想订张票。

4 ¿Tienen plazas en el coche-cama?
有卧铺票吗?

5 Disculpe, no encuentro mi asiento.
对不起,我找不到座位了。

对话 Diálogos

01

A: ¿Cuál es el próximo tren para Shanghai?
下一班开往上海的火车是哪一趟啊？

B: Es el 214, sale a las 18:30 del andén número 7.
214列。18:30从7号站台开出。

A: ¿Cuánto cuesta el billete?
车票多少钱？

B: 200 yuanes.
200元。

A: Gracias.
谢谢。

B: De nada.
不客气。

02

A: Quiero reservar un billete.
我想订一张票。

B: ¿Para dónde, señora?
您想去哪里，女士？

A: Para Guangzhou. ¿Tienen plazas en el coche-cama?
去广州。有卧铺吗？

B: Sí, ¿para cuándo?
有，您想什么时候出发？

A: Para mañana por la tarde.
明天下午。

B: Muy bien. Son 410 yuanes.
好的，总共410元。

03

A: Disculpe, no encuentro mi asiento.
对不起，我找不到座位了。

B: Déjeme ver su billete. Está en el vagón 3, es el número 117.
让我看看您的票。在第三车厢，117号。

重点词汇

1. tren / 火车
2. estación de tren / 火车站
3. reservar / 订
4. asiento / 座位
5. cuándo / 什么时候
6. billete de ida / 单程票
7. billete de vuelta / 返程票
8. horario / 时刻表
9. andén / 站台

En el aeropuerto
在飞机场

○ 句型 Oraciones

1 ¿Cuándo sale el avión para Hong Kong?
飞往香港的飞机几点起飞？

2 ¿Cuánto cuesta el billete de avión para Guangzhou?
一张去广州的机票多少钱？

3 Su billete y pasaporte, por favor.
劳驾，您的机票和护照。

4 ¿Dónde puedo recoger la maleta?
我在哪儿取行李？

5 ¿Prefiere ventanilla o pasillo?
您想靠窗还是走廊？

对话 Diálogos

01

A: Buenos días ¿a dónde van?
早上好,您们去哪儿?

B: Guangzhou.
广州。

A: Muy bien. Sus billetes y sus pasaportes, por favor.
好的。劳驾,您们的机票和护照。

B: ¿Cuándo sale el avión?
飞机几点起飞?

A: A las 2:40 de la tarde.
下午2点40分。

B: ¿Cuál es la puerta de embarque?
登机口是哪个?

A: La puerta 25.
25号登机口。

02

A: Disculpe, ¿los mostradores de facturación de la aerolínea Air China?
劳驾,国航登机手续在哪办理?

B: Son del número 200 al 250. Están al final de este pasillo.
200到250号柜台。在走廊尽头。

A: Gracias.
谢谢。

03

A: Perdón, ¿dónde puedo recoger las maletas?
请问，我得去哪里取行李？

B: Allí al lado.
在那边，旁边。

A: Gracias.
谢谢。

B: De nada.
不客气。

重点词汇

1. aeropuerto / 机场
2. avión / 飞机
3. puerta de embarque / 登机口
4. número de vuelo / 航班号
5. billete / 机票
6. pasaporte / 护照
7. equipaje / 行李
8. visado / 签证
9. despegar / 起飞

En el restaurante
在餐厅

句型 Oraciones

❶ Una mesa para dos.
请给我们找一张两个人的桌子。

❷ Les recomiendo el pato laqueado.
我向诸位推荐北京烤鸭。

❸ ¿Qué van a tomar?
诸位来点儿什么？

❹ Una cerveza, por favor.
请来一杯啤酒。

❺ Camarero, la cuenta.
服务员，结账。

对话 Diálogos

01

A: Buenas noches, ¿qué desean?
晚上好，您们有什么需要？

B: Una mesa para dos.
一张两个人的桌子。

A: Por aquí, por favor.
这边请。

02

A: ¿Necesita algo más?
您还需要什么？

B: No, muchas gracias.
不用了，谢谢。

A: ¿Qué le parece la comida?
菜好吃吗？

B: Muy buena. Sobre todo este pescado, está muy sabroso.
很好。特别是这个鱼，很好吃。

03

A: Camarero, la cuenta.
服务员,结账。

B: Ahora mismo, son 350 yuanes.
马上,350元。

A: ¿Puedo pagar con tarjeta de crédito?
可以刷卡吗?

B: Por supuesto.
可以。

重点词汇

1. menú / 菜单
2. desayuno / 早餐
3. almuerzo / 午餐
4. cena / 晚餐
5. mesa / 桌子
6. camarero / 服务员
7. especialidad / 特色菜
8. bebida / 饮料
9. postre / 餐后甜点
10. cuenta / 账单

13 Alojamiento en el hotel
在宾馆住宿

句型 Oraciones

1 Tengo dos habitaciones reservadas.
我订了两个房间。

2 ¿Cuánto cuesta una habitación individual?
单间多少钱？

3 Son 500 yuanes de depósito.
500元押金。

4 ¿Cuándo empieza el desayuno?
什么时候有早餐？

5 El aire acondicionado no funciona.
空调不灵了。

对话 Diálogos

01

A: Buenas tardes, ¿En qué puedo ayudarle?
下午好，需要帮忙吗？

B: Tengo reservada una habitación.
我订了一个房间。

A: Su nombre, por favor.
请告诉我您的姓名。

B: José Torres.
赫赛·托雷斯。

A: Correcto. José Torres, una habitación individual. ¿Puede mostrarme su pasaporte, por favor?
好的，赫赛·托雷斯，单人间，您的护照请给我看一下。

B: Sí, ¡claro!
好的，当然可以。

02

A: Disculpe, ¿a qué hora es el desayuno?
请问，早餐是几点？

B: Desde las 7 hasta las 9.
7点到9点。

A: Gracias. ¿Puede despertarme mañana a las 6 en punto?
谢谢。您可以明天早上6点叫醒我吗？

B: De acuerdo.
好的。

03

A: Buenos días, el aire acondicionado no funciona.
早上好。空调不灵了。

B: ¿Cuál es su habitación?
您住几号房?

A: La 1308.
1308。

B: Ahora mismo mando a alguien a revisarlo.
我马上派人过去修。

重点词汇

1. habitación individual 单人间
2. habitación doble 双人间
3. cama / 床
4. lámpara / 灯
5. almohada / 枕头
6. manta / 被子
7. comedor / 餐厅
8. aire acondicionado 空调
9. televisor / 电视
10. ducha / 浴室

Llamadas telefónicas
打电话

句型 Oraciones

1 Soy Sergio.
我是赛吉奥。

2 Buenas tardes, Hotel Pekín. ¿En qué puedo ayudarle?
下午好,北京饭店,有什么可以帮您?

3 Disculpe, ¿puede hablar más despacio?
对不起,您能慢点说吗?

4 ¿Puedo hablar con el señor Fernández?
可以请费尔南德先生听电话吗?

5 ¿Quiere dejar un recado?
您要留言吗?

对话 Diálogos

01

A: Hola, soy María. ¿Está Roberto?
我是赛吉奥。罗伯特在吗？

B: Ahora no está. Puedes llamarle después de 30 minutos.
现在不在。你可以30分钟后再打。

A: Gracias. Adiós.
谢谢。再见。

B: Chao.
再见。

02

A: ¿Puedo hablar con el señor Fernández?
可以请费尔南德先生听电话吗？

B: ¿De parte de quién, por favor?
请问您是哪位？

A: Soy José López.
我是赫赛·洛佩兹。

B: Un momento, por favor, ahora le paso.
请稍等，我马上转给他。

A: Muchas gracias.
多谢。

03

A: Buenos días, recepción del Hotel Pekín. ¿Qué desea?
早上好，北京饭店前台，有什么可以帮您？

B: Buenos días. ¿Podría hablar con el señor Wang, habitación 1278?
早上好，可以请1278房王先生听电话吗？

A: Ahora le paso. Espere un momento, por favor.
我马上转给他，请稍等。

B: Gracias.
谢谢。

重点词汇

1. llamada telefónica
   电话
2. número de teléfono
   电话号码
3. teléfono público
   公用电话
4. móvil / 手机
5. tarjeta telefónica
   电话卡
6. prefijo / 区号
7. llamada internacional
   国际长途
8. ocupado / 占线的
9. dejar un recado
   留言
10. llamar por teléfono
    打电话

En el banco
在银行

句型 Oraciones

1 ¿Dónde puedo cambiar dinero?
我在什么地方可以兑换外币?

2 Quiero cambiar 100 euros, por favor.
请给我换100欧元。

3 ¿Puedo usar mi tarjeta de crédito en el cajero automático?
我可以在自动取款机用信用卡吗?

4 ¿Cuántos euros desea cambiar?
您想换多少欧元?

5 ¿Cambian cheques de viaje?
能兑换旅行支票么?

对话 Diálogos

01

A: Quería cambiar 100 euros en yuanes.
劳驾，我想把100欧元兑换成人民币。

B: Muy bien. ¿Me deja su pasaporte, por favor?
好。请出示您的护照。

A: ¿Puede darme billetes más pequeños?
能给我小额点的钞票吗？

B: No hay problema.
没问题。

02

A: Buenos días. Quería cambiar este cheque de viaje por valor de 500 euros.
早上好，我想把这张旅行支票换成500欧。

B: Rellene este impreso y enséñeme su pasaporte, por favor.
请填这个单并出示护照。

A: Aquí tiene.
给您。

03

A: Disculpe, ¿sabe dónde está el cajero automático más cercano?
劳驾，您知道最近的自动取款机在哪儿吗？

B: Sí, al final de esta calle tiene usted uno.
这条街的尽头就有一个。

A: Muchas gracias.
多谢。

重点词汇

1. banco /银行
2. dinero /钱
3. tarjeta de crédito
   信用卡
4. código secreto /密码
5. cajero automático
   自动取款机
6. cuenta /账号
7. sacar dinero /取钱
8. billetes y monedas
   钞票和硬币
9. cheque de viaje
   旅行支票
10. identificación /身份

16 En la oficina de correos
在邮局

句型 Oraciones

① Quería un sello para enviar una carta a España.
我要一张可以寄信到西班牙的邮票。

② Tiene que rellenar este impreso para enviar el paquete.
要寄包裹您得填这个单子。

③ ¿Cuánto tarda en llegar el paquete?
包裹多长时间到？

④ ¿Cuánto cuesta enviar este paquete urgente?
寄这个紧急包裹多少钱？

⑤ ¿Quiere enviar la carta certificada?
您想寄挂号信吗？

对话 Diálogos

01

A: Quería enviar este paquete.
我想寄这个包裹。

B: ¿A dónde?
您要寄到哪里？

A: A España.
西班牙。

B: Tiene que rellenar este impreso.
您得填写一下这个单子。

02

A: ¿Cuánto cuesta enviar una carta urgente a Argentina?
寄到阿根廷的急信多少钱？

B: 40 yuanes.
40元。

A: ¿Cuánto tiempo tarda en llegar?
多长时间到？

B: 4 días.
4天。

03

A: Necesito enviar este paquete a México, ¿cuánto tardará en llegar?
我想寄这个包裹到墨西哥,要用多长时间?

B: Bueno, ¿por barco o por avión?
好的,走海运还是走空运?。

A: Por avión. ¿Cuánto tarda?
空运。多长时间?

B: unos 7 días.
7天左右。

重点词汇

1. oficina postal / 邮局
2. sello / 邮票
3. paquete / 包裹
4. carta / 信
5. carta certificada
   挂号信
6. tarjeta postal
   明信片
7. buzón / 邮箱
8. enviar / 邮寄
9. cartero / 邮递员

De compras
购物

句型 Oraciones

1 ¿Puedo ayudarle?
我能帮您吗?

2 Quiero comprar un par de pantalones.
我想买条裤子。

3 ¿Qué talla necesita?
您要多大的?

4 ¿Cuánto cuesta?
多少钱?

5 Le ofrezco un 10% de descuento.
给您打九折。

对话 Diálogos

01

A: ¿Qué desea?
您需要什么?

B: Quiero comprar unos vaqueros.
我想买牛仔裤。

A: ¿Qué le parece este par? Puede probárselo.
这条怎么样? 您可以试试。

B: Me queda bien. Me lo llevo.
这条很适合我。我要了。

02

A: ¿Dónde se pueden comprar recuerdos de Pekín?
哪里可以买到北京纪念品?

B: En esas tiendas pequeñas.
在那些小店里。

A: Gracias.
谢谢。

03

A: ¿Puede ayudarme?
可以帮帮我吗?

B: ¿Qué desea?
您需要什么?

A: Quiero comprar una blusa para mi mujer.
我想给我的妻子买一件衬衫。

B: ¿De qué color y talla la quiere?
您想要什么颜色和大小?

A: La quiero de color rojo y una talla pequeña.
我想要红色,小号。

B: ¿Le gusta ésta?
您喜欢这件吗?

A: Sí, ¿cuánto cuesta?
是的,多少钱?

B: 300 yuanes.
300元。

A: ¿Puede envolvérmela para regalo?
能包装成礼品吗?

B: Sí, claro.
当然。

1. pantalón / 裤子
2. chaqueta / 外套
3. falda / 裙子
4. blusa /camisa
   女衬衫/男衬衫
5. talla pequeña /mediana /grande /extra grande
   小/中/大/加大号
6. zapato / 鞋
7. barato / 便宜的
8. caro / 贵的
9. comprar / 买

De visita turística
观光

句型 Oraciones

1 ¿Cuáles son los lugares turísticos más famosos?
最有名的旅游景点是什么？

2 Le recomiendo que vaya a la Gran Muralla.
我建议您去长城。

3 Mañana iré al Palacio de Verano.
我明天要去颐和园。

4 El museo cierra a las 5 de la tarde.
博物馆5点关门。

5 ¡Qué bonito!
真美！

对话 Diálogos

01

A: El hotel organiza una excursión a los principales monumentos de Pekín.
宾馆组织参观北京的主要景点。

B: ¿Sí? ¿Cuánto cuesta cada excursión?
是吗？一次多少钱？

A: Depende del destino.
每个景点不一样。

B: ¿Cuáles son los destinos turísticos más famosos?
最有名的旅游景点是什么？

A: Sobre todo la Ciudad Prohibida, el Palacio de Invierno, el Templo del Cielo, la Gran Muralla y el Palacio de Verano.
例如，故宫、北海、天坛、长城和颐和园。

02

A: Mañana quiero ir a la Gran Muralla. ¿Está muy lejos?
我明天要去长城。远吗？

B: Unas dos horas en coche, puedo acompañarte si quieres.
汽车两个小时到，如果你愿意我可以陪你去。

A: ¡Si! Me encantaría que vinieras conmigo.
好，你能和我一起去太好了。

B: Puedo ser tu guía si quieres.
我可以做你的导游。

A: ¡Perfecto!
太好了。

03

A: ¿Han visitado la Ciudad Prohibida?
您们去故宫了吗?

B: Sí. Nos ha gustado mucho. Es muy grande.
去了，我们很喜欢，它很大。

A: ¿Qué quieren visitar hoy?
今天要去哪参观?

B: Hoy queremos ir al Templo del Lama y a los hutongs de la zona.
今天要去雍和宫和周围的胡同。

重点词汇

1. lugar turístico / 旅游景点
2. guía / 导游
3. entrada / 门票
4. descuento / 打折
5. hora de apertura / 开放时间
6. hora de cierre / 关门时间
7. prohibido entrar / 禁止入内
8. excursión / 短途旅游
9. Ópera de Beijing / 京剧
10. Kung-Fu / 功夫
11. artes marciales / 武术

19 Dar y Pedir ayuda
帮助和求助

句型 Oraciones

1 ¿Necesita ayuda?
您需要帮助吗？

2 Estoy perdido.
我迷路了。

3 ¿Puede ayudarme?
您能帮我吗？

4 Llame a la policía, por favor.
请叫警察！

5 Tranquilo, ya viene la ambulancia.
别急，救护车马上来。

对话 Diálogos

01

A: ¿Puede ayudarme, por favor?
劳驾，您能帮我吗？

B: Sí. ¿Qué necesita?
可以，您需要什么？

A: Estoy perdido. ¿Sabe dónde está esta dirección?
我迷路了。您知道这个地址在哪？

B: Sí, claro. Siga recto por esta avenida y gire en la tercera calle a la derecha.
当然，沿这条街一直走，第三个路口右转。

A: Gracias.
谢谢。

02

A: ¿Puede ayudarme? Me han robado la cámara.
您能帮我吗？我的照相机被偷了。

B: Sí, claro. Vamos a llamar a la policía. Tiene que denunciar el robo.
当然，咱们得叫警察，您得报案。

A: Gracias. ¿Puede acompañarme a la comisaría?
谢谢。您能陪我去警察局吗？

B: Sí, por supuesto.
当然。

03

A: ¿Le ayudo?
需要我帮助吗？

B: Estoy herido.
我受伤了。

A: ¿Qué le ha pasado?
您怎么受伤的？

B: Me he caído.
我摔倒了。

A: Tranquilo, no se mueva. Voy a llamar a una ambulancia.
别急，别动。我去叫救护车。

B: Muchas gracias.
谢谢。

重点词汇

1. ayudar / 帮忙
2. herido / 受伤的
3. policía / 警察
4. ambulancia / 救护车
5. ¡Socorro! / 救命！
6. ¡Cuidado! / 小心！
7. ladrón / 小偷
8. perder / 丢失
9. robar / 抢劫

En el hospital
在医院

句型 Oraciones

1 ¿Tiene cita previa?
您预约了吗？

2 Tenemos que hacerle un análisis de sangre.
我们要给您做血液分析。

3 Necesito un certificado médico y una factura para mi seguro.
我的保险需要医生证明和发票。

4 ¿Qué le duele?
您哪儿疼？

5 ¿Es alérgico a algún medicamento?
您对什么药过敏吗？

对话 Diálogos

01

A: Buenos días. Tengo una cita con el doctor Zhang.
早上好。我和张医生约好了。

B: Un momento. ¿Su nombre y su tarjeta del seguro, por favor?
稍等。请告诉我您的姓名并出示您的保险卡。

A: Juan Moreno. Aquí tiene mi tarjeta.
胡安·莫雷诺。这是我的卡。

B: ¡Gracias! La consulta del doctor Zhang está en la segunda planta.
谢谢！张医生的诊室在二层。

A: Muchas gracias.
多谢。

02

A: Buenas tardes. Quería una caja de antibióticos y unas pastillas para el dolor de garganta.
下午好。我要一盒抗生素和一些治嗓子疼的药片。

B: ¿Tiene la receta?
您有处方吗?

A: Sí, aquí la tiene.
有，给您。

B: Son 50 yuanes en total.
一共50元。

03

A: ¿Qué le pasa?
您怎么了？

B: Me duele mucho el estómago.
我的胃很疼。

A: ¿Tiene fiebre?
您发烧吗？

B: Sí, un poco.
对，有点儿。

A: Tómese una pastilla de esta medicina cada ocho horas. Aquí tiene la receta.
这个药每8个小时吃一片。这是处方。

B: Muchas gracias.
多谢。

重点词汇

1. urgencia /急诊
2. consulta /诊室
3. receta /处方
4. medicina /药
5. antibióticos
   抗生素
6. fiebre /发烧
7. análisis de sangre
   血液分析
8. rayos X /X光
9. cita /预约

第二部分
语音篇

西语语音介绍

西语共有29个字母,其中包括5个元音字母a, e, i, o, u和24个辅音字母b, c, ch, d, f, g, h, j, k, l, ll, m, n, ñ, p, q, r, s, t, v, w, x, y, z。单词由音节组成,元音可单独成为音节,而辅音须与元音组合才构成音节。西语辅音有清辅音和浊辅音之分。

◎ **西语字母表:**

印刷体		发音	印刷体		发音
大写	小写		大写	小写	
A	a	a	N	n	ene
B	b	be	Ñ	ñ	eñe
C	c	ce	O	o	o
Ch	ch	che	P	p	pe
D	d	de	Q	q	cu
E	e	e	R	r	ere
F	f	efe	Rr	rr	erre
G	g	ge	S	s	ese
H	h	hache	T	t	te
I	i	i	U	u	u
J	j	jota	V	v	uve
K	k	ca	W	w	doble uve
L	l	ele	X	x	equis
LL	ll	elle	Y	y	i griega
M	m	eme	Z	z	zeta

西语语音学习

◎ 元音字母：Ａa

发音要领

[a]是非圆唇低元音。发音时，嘴半张开，舌头平放在口腔底部，气流冲出。[a]音与汉语中的"阿"音相似，但是开口程度稍小。发音部位在口腔中部。与长元音发音部位相同，但短音开口度大些，短促有力。

发音练习

单词	释义	单词	释义
masa	群众	pasta	面团
asna	母驴	misma	本身的
Ana	安娜		

一句话突破学习

Vamos a la ciudad a las ocho.
我们8点去市里。

◎ 元音字母：E e

发音要领

[e]是非圆唇中前元音。发音时，嘴稍稍张开，舌面抬起至口腔中部，双唇向两侧咧开，气流冲出。发音部位在口腔前部。

发音练习

单词	释义	单词	释义
mes	月份	estos	这些
pescado	鱼肉	meseta	高原
meta	目标		

一句话突破学习

Ella va a Ecuador el mes que viene.
她下个月去厄瓜多尔。

元音字母：Ii

发音要领

[i]是非圆唇高前元音。发音时，嘴微张，舌面中后部抬起，贴近硬颚。发音部位在口腔中前部。应当避免舌面过分接近硬颚，把[i]音发成汉语的"依"。

发音练习

单词	释义	单词	释义
piso	楼层	camisa	衬衣
pipa	烟斗，瓜子	Italia	意大利
China	中国		

一句话突破学习

Ella está en Italia.
她在意大利。

◎ 元音字母：O o

发音要领

　　[o]是圆唇中后元音。发音时，舌面高度和开口程度与发[e]时相同，但是双唇必须撮圆向前突出。发音部位在口腔中后部。

发音练习

单词	释义	单词	释义
oficina	办公室	nosotros	我们
moto	摩托车	hola	你好
oso	熊		

一句话突破学习

Todos estamos en la oficina.
我们所有的人都在办公室里。

◎ 元音字母：U u

发音要领

[u]是圆唇高后元音。发音时，嘴张得比较小，双唇撮圆，比发[o]音时更向前突出。舌面更加贴近上颚。发音部位在口腔后部。

发音练习

单词	释义	单词	释义
usted	您	uso	用
mulo	公骡	humedad	湿度
duda	疑问		

一句话突破学习

Tengo una duda.
我有一个疑问。

◎ 辅音字母：L l

发音要领

[l]是舌尖齿龈边擦浊辅音。发音时，舌尖接触上齿龈，舌面下降，气流从舌部两侧通过。声带震动。

发音练习

单词	释义	单词	释义
Lola	罗拉	libertad	自由
lengua	语言；舌头	latín	拉丁语
leche	牛奶	leer	阅读
ley	法律	leyenda	传奇

一句话突破学习

Lola lleva libros a casa.
罗拉把书带回了家。

辅音字母：M m

发音要领

[m]是双唇鼻浊辅音。发音时，双唇紧闭，声带振动，气流从鼻腔通过。

发音练习

单词	释义	单词	释义
mano	手	mono	猴子
menú	菜单	mal	不好的
mil	千	melón	甜瓜
Ema	埃玛	meta	目标
mes	月份	miércoles	星期三

一句话突破学习

Ema está mal.
埃玛身体不舒服。

◎ 辅音字母：N n

发音要领

[n]是舌尖齿龈鼻浊辅音。发音时，舌尖接触上齿龈和上颚前部，气流从鼻腔通过，同时声带振动。

发音练习

单词	释义	单词	释义
luna	月亮	nena	女婴
Nilo	尼罗河	mano	手
mono	猴子	menú	菜单
nulo	无效的，无能的	nivel	水平
nieto	孙子，外孙	Nicaragua	尼加拉瓜

一句话突破学习

La nena está abandonada.
那个女婴被遗弃了。

◎ 辅音字母：P p

发音要领

[p]是双唇塞清辅音。发音时，双唇紧闭，气流冲开阻碍，爆破而出。声带不振动。

发音练习

单词	释义	单词	释义
mapa	地图	pena	遗憾
pelo	头发	pipa	烟斗
poner	放置	puma	美洲狮
papel	纸张	palo	棍子
pulpo	章鱼	pila	水池；电池

一句话突破学习

Pepe tiene el pelo cortado.
贝贝剪头发了。

辅音字母：S s

发音要领

[s]是舌尖齿龈擦清辅音。发音时，舌尖靠拢上齿龈，留下缝隙让气流通过。声带不振动。在词尾时，发音弱且短，不能拖长，发成汉语中的"斯"。而在其他浊辅音之前浊化，发[z]音。发音部位和方法与发[s]时相同，但声带要振动。

发音练习

词首时：

单词	释义	单词	释义
sano	健康的	sala	室，厅
solo	独自的	suma	数目
saber	知道	sal	盐
sapo	蟾蜍	sésamo	芝麻
soler	习惯于	sustituir	代替

词尾时：

单词	释义	单词	释义
masas	团；群众	mesas	桌子（复数）
salas	室（复数）	osos	熊（复数）
somos	我们是	sumas	数目（复数）

其他浊辅音前：

单词	释义	单词	释义
asno	公骡	asma	哮喘
isla	岛屿	mismo	本身的
pasmo	伤风	sismo	地震

一句话突破学习

En la sala hay dos sofás.
客厅里有两张沙发。

◎ 辅音字母：T t

发音要领

[t]是舌尖齿背塞清辅音。发音时，舌尖和上齿背接触，气流冲开阻碍，爆破而出。声带不振动。

发音练习

单词	释义	单词	释义
tasa	定价单	tala	砍伐
temer	恐怕	meter	放入
tipo	类型	timo	诈骗
tono	声调	moto	摩托车
tuna	仙人掌	tal	这样的
total	总体的		

一句话突破学习

En total hay dos motos en el patio.
院子里一共有两辆摩托车。

◎ 辅音字母：C c和Q q

发音要领

[k]是舌后软腭塞清辅音。发音时，舌后与软腭闭合。气流冲开阻碍，爆破而出。声带不振动。

c只有在与a，o，u构成音节时，才发[k]音。而q后必须加u再与e，i构成音节，才发[k]音。

发音练习

单词	释义	单词	释义
cama	床	cupo	份额
cuna	摇篮	Quito	基多(厄瓜多尔首都)
cosa	东西，物品	quema	燃烧
loca	疯子		

一句话突破学习

En la habitación hay una cama y una cuna.
房间里面有一张床和一个摇篮。

◎ 辅音字母：D d

发音要领

d 在停顿后的词首或词内和词组内的 n，l 后面（如 panda，soldado，un dedo）发 [d] 音。在其他情况下发 [ð] 音。

[d] 是舌尖齿背塞浊辅音。发音部位与方法和 [t] 相同，即舌尖顶住上齿背，气流冲开阻碍，爆破而出。但是 [d] 是浊音，发音时声带振动，而 [t] 是清音，发音时声带不振动。

[ð] 是舌尖齿沿擦浊辅音。发音时，舌尖微微伸出上齿沿，留出缝隙让气流通过，同时声带振动。

d 在绝对末尾时，发弱化的 [ð] 音，舌尖一接触上齿沿，气流便停止通过。

发音练习

词首或 n，l 后：

单词	释义	单词	释义
dama	贵妇人	dato	资料
dilema	进退两难	dos	两个
duna	沙丘	duque	公爵
andar	步行	panda	熊猫
soldado	战士	un dedo	一个手指

词中时：

单词	释义	单词	释义
nada	没有	toda	所有的
medir	测量	pedir	要求
modo	方式	mudo	哑的
una duda	一个疑问		

词尾时：

单词	释义	单词	释义
edad	年龄	amad	爱（命令式）
usted	您	comed	吃（命令式）
sed	渴		

一句话突破学习

¿Qué edad tiene ella?
她多大了？

◎ 辅音字母：B b 和 V v

发音要领

当b，v出现在停顿后的词首，或出现在m，n的后面时，发[b]音。在其他情况下发[β]音。

[b]是双唇塞清辅音。发音部位和方法与发[p]相同，即双唇紧闭，气流冲开阻碍，爆破而出。但[b]是浊音，声带要振动。

[β]是双唇擦浊辅音。发音时，双唇之间留下一条小缝让气流通过。同时声带振动。应当避免双唇之间的缝隙过宽，将音发成汉语中的"瓦"的辅音因素。

发音练习

词首或m，n后：

单词	释义	单词	释义
bata	晨衣	beso	吻
boca	口，嘴巴	bosque	森林
vaso	瓶子	vano	空的
vino	白酒	vida	生命
bomba	炸弹	bambú	竹子
en vano	无用		

词中时：

单词	释义	单词	释义
labio	嘴唇	lobo	狼
lavar	洗	llave	钥匙
la boca	嘴巴	el vino	葡萄酒
el vaso	瓶子		

一句话突破学习

Este vaso de vino es muy fuerte.
这是瓶烈性白酒。

◎ 辅音字母：R r

发音要领

[r]可代表单击颤音或多击颤音两种音素。单击颤音发音时，舌尖抬起，与上齿龈接触，然后让气流通过，使舌尖轻微颤动一至两下，同时声带振动。当r在词尾时，舌尖颤动一下。

发音练习

单词	释义	单词	释义
cara	脸	pera	梨
caro	昂贵的	Perú	秘鲁
toro	斗牛	pared	墙
urbano	城市的	iré	去(动词变位)
mar	海洋	par	一双
poder	能够	amor	爱
vapor	蒸汽	sur	南方

当r在词尾时，舌尖颤动一下。r在词首或n，l，s之后应当发成多击颤音。此外，rr也是多击颤音。多击颤音的发音部位和方法与单击颤音r相同，只是舌尖需要颤动多次。例如：

单词	释义	单词	释义
rata	鼠	rama	枝条
reto	挑战	risa	笑
ropa	衣服	roca	石头
rumbo	方向	jarra	罐
guerra	战争	terreno	领土
arriba	向上	perro	狗
carro	汽车	socorro	救命
tierra	土地		

一句话突破学习

En el armario de Rosa hay mucha ropa.
在洛萨的衣柜里有很多衣服。

◎ 辅音字母：Z z 和 C c (e, i)

发音要领

　　[θ]是舌尖齿间擦清辅音。c在e，i之前，z在a，o，u之前都发这个音。发音时，舌尖从上下门齿之间微微伸出，让气流通过。声带不振动。目前，在西班牙本土的许多地区和拉丁美洲的西班牙语国家，这个音已经被舌尖齿背擦清辅音[s]代替。

发音练习

单词	释义	单词	释义
taza	杯	zapato	鞋子
cena	晚餐	peces	鱼
cine	电影院	cocina	厨房
zona	地区	pozo	井
zumo	（水果）汁		

一句话突破学习

Nos prepara pescado y zumo de naranja en la mesa.
她给我们准备了鱼肉和橙汁放在桌子上。

◎ 辅音字母：F f

发音要领

　　[f]是唇齿擦清辅音。发音时，上门齿与下唇轻轻接触，上齿露出，唇角向两旁咧开。气流从唇齿间的缝隙通过。声带不振动。

发音练习

单词	释义	单词	释义
fama	声誉	sofá	沙发
café	咖啡	firma	签名
foto	照片	forma	方式
fusil	步枪	furia	愤怒
feto	胎儿		

一句话突破学习

Tengo la foto y la firma de un actor famoso.
我有那位著名演员的照片和签名。

◎ 辅音字母：Ll ll

发音要领

[λ]是舌前硬颚边擦浊辅音。发音时，舌面前部抬起，和硬颚接触。气流从舌部一侧或两侧通过。声带振动。

发音练习

单词	释义	单词	释义
llave	钥匙	ella	她
llevar	带去	calle	街道
pollo	鸡肉	llorar	哭
lluvia	下雨		

一句话突破学习

La niña está llorando en la calle.
那个女孩在街上哭。

◎ 辅音字母：H h

发音要领

h不发音，但在书写中不能省略。

发音练习

单词	释义	单词	释义
almohada	枕头	hermano	兄弟
hilo	线	ahí	那儿
hola	你好	humo	烟
humano	人类的		

一句话突破学习

Tengo una hermana mayor y un hermano menor.
我有一个姐姐和一个弟弟。

◎ 辅音字母：G g

发音要领

g与元音a，o，u或辅音l，r组合，发[g]或[ɣ]音。字母组合gu（u不发音）加e，i也发这个音。

g在停顿后的词首，或词中、词组内的n之后发塞音[g]。它是舌后软颚塞浊辅音。发音部位与方法和发[k]相同，即舌后与软颚闭合，气流冲开阻碍，爆破而出，声带同时振动。

发音练习

单词	释义	单词	释义
gato	猫	gallo	雄鸡
guerra	战争	guijo	砾石
guisa	方式	goma	橡胶
gota	滴	gusano	蠕虫
agosto	八月	un gato	一只猫

[ɣ]是舌后软颚擦浊辅音。发音时,舌后与软颚不完全闭合,而是留出缝隙让气流通过。声带同时振动。例如:

单词	释义	单词	释义
águila	鹰	lago	湖
pago	付款	laguna	池塘
guisante	豌豆	pega	粘贴
soga	麻绳	higuera	无花果树

注:在gue,gui的组合中,如果u上带有发音符号(ü),则要发音。例如:cigüeña,argüir。

一句话突破学习

En la Universidad de Beijing hay un lago muy famoso llamado Wei Ming.
北京大学有一个著名的湖叫做未名湖。

辅音字母：Ch ch

发音要领

[c]是舌前前硬颚塞擦清辅音。发音时，舌面前部顶住前硬颚。气流冲开阻碍，发出擦音。声带不振动。

发音练习

单词	释义	单词	释义
ocho	8	chato	扁平的
chaqueta	夹克	cheque	支票
salchicha	腊肠	chico	男孩
muchacho	男孩	choza	茅屋
chupar	吸吮	lechuga	生菜

一句话突破学习

El chico de ojos negros es de China.
那个黑眼睛的男孩来自中国。

◎ 辅音字母：Ñ ñ

发音要领

[ɲ]是舌前前硬颚鼻浊辅音。发音时，舌面前部与前硬颚接触。气流在口腔受阻，从鼻腔通过。声带振动。

发音练习

单词	释义	单词	释义
leña	柴	niña	女孩
muñeca	布娃娃	pañuelo	手帕
moño	发	puño	拳头
riña	争吵	pequeño	小的

一句话突破学习

La niña tiene una muñeca muy pequeñita.
那个小女孩有一个很小的布娃娃。

辅音字母：J j 和 G g

发音要领

g在与e，i组合以及j在与所有元音组合时，都发[x]音。[x]是舌后小舌擦清辅音。发音时，小舌向舌后下垂，两者之间形成缝隙让气流通过。声带不振动。

发音练习

单词	释义	单词	释义
jaleo	喝彩	jefe	领导
Jesús	耶稣	jinete	骑士
tejido	织物	jirafa	长颈鹿
joven	年轻人	gente	人们
genio	天才	giro	旋转
gigante	巨大的	girasol	向日葵

一句话突破学习

La gente puede ver jirafas en el zoo.
人们可以在动物园里看到长颈鹿。

◎ 辅音字母：Y y

发音要领

y在元音之前是舌前硬颚擦浊辅音[j]，在一些地区发音与ll相同。在元音之后或单独使用时，发[i]音。

发音练习

单词	释义	单词	释义
yate	游艇	yema	蛋黄
yeso	石膏	yo	我
yogur	酸奶	hay	有
ley	法律	rey	国王
soy	我是	hoy	今天
muy	非常	buey	牛

一句话突破学习

Me gusta mucho el yogur y el huevo, sobre todo la yema.
我非常喜欢酸奶和鸡蛋，尤其喜欢吃蛋黄。

◎ 辅音字母：X x

发音要领

x出现在字首或辅音之前时发s音；出现在两个元音之间时发[γs]音。目前的倾向是在任何情况下都发[γs]音。

发音练习

单词	释义	单词	释义
sexto	第六	texto	课文
explicar	解释	mixto	混合物
examen	考试	éxito	成果
exigir	要求	sexo	性别
anexo	附件		

一句话突破学习

Hoy hemos terminado el sexto texto. Mañana tendremos un examen.
今天我们上完第六课了。明天我们将考试。

◎ 辅音字母：K k

发音要领

与c不同，k在任何情况下都发[k]音。但它只被用来拼写外来语。

发音练习

单词	释义	单词	释义
Kenia	肯尼亚	kilo	千克
kimono	和服	Tokio	东京

一句话突破学习

¿Has estado en Kenia?
你去过肯尼亚吗？

辅音字母：W w

发音要领

w的发音与b相同，但只用来拼写外来语。

发音练习

单词	释义	单词	释义
Washington	华盛顿	wolframio	钨
whisky	威士忌	water-polo	水球

一句话突破学习

A los occidentales les gusta mucho el whisky.
西方人很喜欢喝威士忌酒。

分音节规则

词可以分成音节。元音是音节的基础。一个词有几个元音,便有几个音节。

◎ 音节可以由一个元音组成,即一个元音便能构成一个音节。例如:a, o, Ana(A-na), ella(e-lla)。

◎ 音节也可以由一个元音和几个辅音组成。辅音放在元音前或后,与之共同构成音节;但独自不成音节。如果一个辅音在两个元音之间,就和后面的元音构成音节。例如:Paco(Pa-co);chino(chi-no);amigo(a-mi-go)。

◎ 两个相邻的辅音(辅音连缀除外)分属前后两个音节。例如:esposo(es-po-so), hermano(her-ma-no), dormitorio(dor-mi-to-rio)。

◎ 二重元音和它前面的辅音联合构成一个音节。例如:naipe(nai-pe), funcionario(fun-cio-na-rio), dormitorio(dor-mi-to-rio)。

◎ 三个辅音在一起时,一般是最后一个辅音和它后面的元音构成音节。例如:instituto(ins-ti-tu-to)。

◎ 三重元音单独构成一个音节。例如:Uruguay(U-ru-guay)。

◎ 辅音连缀单独构成一个音节。例如:madre(ma-dre), grande(gran-de)。

◎ 带重音符号的弱元音和强元音在一起时,不构成二重元音。它们各自构成一个音节。例如:tía(tí-a), Lucía(Lu-cí-a), continúa(con-ti-nú-a)。

重音规则

◎ 单词中无重音符号，且以元音以及n，s结尾的词，重音落在倒数第二个音节上。例如：Paco，Pepe，hermano，cocinero，tesis，examen。

◎ 带重音符号的音节即为重读音节。例如：médico，lección，Lucía。

◎ 如果重音符号落在大写字母上，原则上可以将其省略。例如：El es Pepe. Este es Paco.

◎ 当二重元音是重读音节时，重音落在强元音上。例如：bueno，estudiante。

◎ 由二重元音构成的一些疑问代词在强元音上加重音符号是为了使之区别于与之同形异类的词。例如：qué（疑问词）— que（代词/连词）；quién（疑问词）— quien（代词）。

简单陈述句和疑问句的语调

陈述句的语调

◎ 西班牙语中简单陈述句的语调应从第一个重读音节到最后一个重读音节始终保持一个高度，直到最后一个音节才逐渐下降。例如：Los libros son interesantes.

◎ 当句中出现两个以上的并列成分时，最后两个之间通常用连接词y连接，其他成分则以逗号隔开。说话或朗读时，逗号之前应稍加停顿，语调平直。y之前语调上升，最后以降调收尾。例如：En la habitación hay una mesa, dos sillas y un estante.

◎ 两个用y连接的列举成分构成一个语调群。在动词前语调群结尾为升调。例如：Ana y Li Xin son amigas.

疑问句的语调

◎ 带疑问词的问句称为特殊疑问句。其中，疑问词放在句首，必须重读。语调上升到最高度，然后逐渐下降，直至收尾。例如：¿Qué hay en el estante?

◎ 不带疑问词的问句称为一般疑问句。一般疑问句的语调是句首声调较高，句中语调略降低，最后以升调结尾。例如：¿Hay muchos obreros en la fábrica?

第三部分

附　录

数字
Números

uno
1

dos
2

tres
3

cuatro
4

cinco
5

seis
6

siete
7

ocho
8

nueve
9

diez
10

once
11

doce
12

trece
13

catorce
14

quince
15

dieciséis
16

diecisiete
17

dieciocho
18

diecinueve
19

veinte
20

treinta
30

cuarenta
40

cincuenta
50

sesenta
60

setenta
70

ochenta
80

noventa
90

cien
100

mil
1000

millón
百万

02 时间
Tiempo

mañana
早上

mediodía
中午

tarde
下午

noche
晚上

lunes
星期一

martes
星期二

miércoles
星期三

jueves
星期四

viernes
星期五

sábado
星期六

domingo
星期日

primavera
春天

verano
夏天

otoño
秋天

invierno
冬天

enero	febrero	marzo	abril
一月	二月	三月	四月

mayo	junio	julio	agosto
五月	六月	七月	八月

septiembre	octubre	noviembre	diciembre
九月	十月	十一月	十二月

03 颜色
Colores

rojo
红色

amarillo
黄色

azul
蓝色

verde
绿色

violeta
紫色

blanco
白色

negro
黑色

marrón
棕色

naranja
橙色

货币
Monedas

yuan
元

jiao
角

fen
分

Moneda Chinas
中国货币

dólar
美元

euro
欧元

Monedas Extranjeras
外国货币

运动
Deportes

fútbol
足球

baloncesto
篮球

béisbol
棒球

ciclismo
自行车

atletismo
田径

ping-pong
乒乓球

bádminton
羽毛球

hockey
曲棍球

salto
跳水

natación
游泳

water-polo
水球

vela
帆船

regata
赛艇

piragüismo
皮划艇

voleibol
排球

balonmano
手球

beisbol
垒球

gimnasia rítmica
艺术体操

gimnasia artística
体操

trampolín
蹦床

halterofilia
举重

triatlón
铁人三项

equitación
马术

esgrima
击剑

boxeo
拳击

judo
柔道

taekwondo
跆拳道

lucha libre
摔跤

tiro
射击

tiro con arco
射箭

Juegos Olímpicos
奥运会

06 职业
Profesiones

médico
医生

cartero
邮递员

dependiente
售货员

profesor
老师

estudiante
学生

enfermera
护士

secretaria
秘书

taxista
出租车司机

abogado
律师

camarero
服务员

policía
警察

食品饮料
Comida y bebida

carne
肉

pescado
鱼

arroz blanco
白米饭

huevos
鸡蛋

verduras
蔬菜

sal y azúcar
盐和糖

salsa de soja
酱油

agua
水

cerveza
啤酒

té
茶

café
咖啡

refrescos
冷饮

中国菜谱
Gastronomía china

guiso de col con cerdo
猪肉炖白菜

rollito de primavera
春卷

judías verdes salteadas
炒四季豆

pescado agridulce
糖醋鱼

pato laqueado
北京烤鸭

bambú con setas chinas
香菇冬笋

sopa agria y picante con setas y tofu
酸辣汤

brotes de soja salteados
烧豆芽菜

第三部分　附录

tofu en salsa picante
麻辣豆腐

mostaza encurtida
榨菜

olla mongola
火锅

carne y pimientos salteados en tiras
尖椒炒肉丝

cerdo salteado con salsa de soja
红烧肉

berenjena frita
炒茄子

carne frita con ajo
蒜苔炒肉

guiso de cordero
涮羊肉

旅游观光地
Lugares turísticos

la Gran Muralla
长城

la Ciudad Prohibida
故宫

el Palacio de Verano
颐和园

el Templo del Cielo
天坛

la Plaza de Tian'anmen
天安门广场

las Trece Tumbas Ming
明十三陵

第三部分　附录

el Palacio de Invierno
北海公园

el Templo del Lama
雍和宫